시와 사랑 5집

여전히 꿈결 같은 사랑을 노래하는 이들을 위하여

詩와 사랑 5

ⓒ박경철 Printed in Seoul

2021년 05월 05일 초판 발행

지은이 | 박경철
발행인 | 박찬우
편집인 | 우 현
펴낸곳 | 파랑새미디어

등록번호 | 제313-2006-000085호
서울특별시 마포구 서교동 357-1 서교프라자 318
전화 | 02-333-8311
팩스 | 02-333-8326
메일 | adam3838@naver.com

가격 10,000원
979-11-5721-152-4(04810)
979-11-5721-106-7(세트)

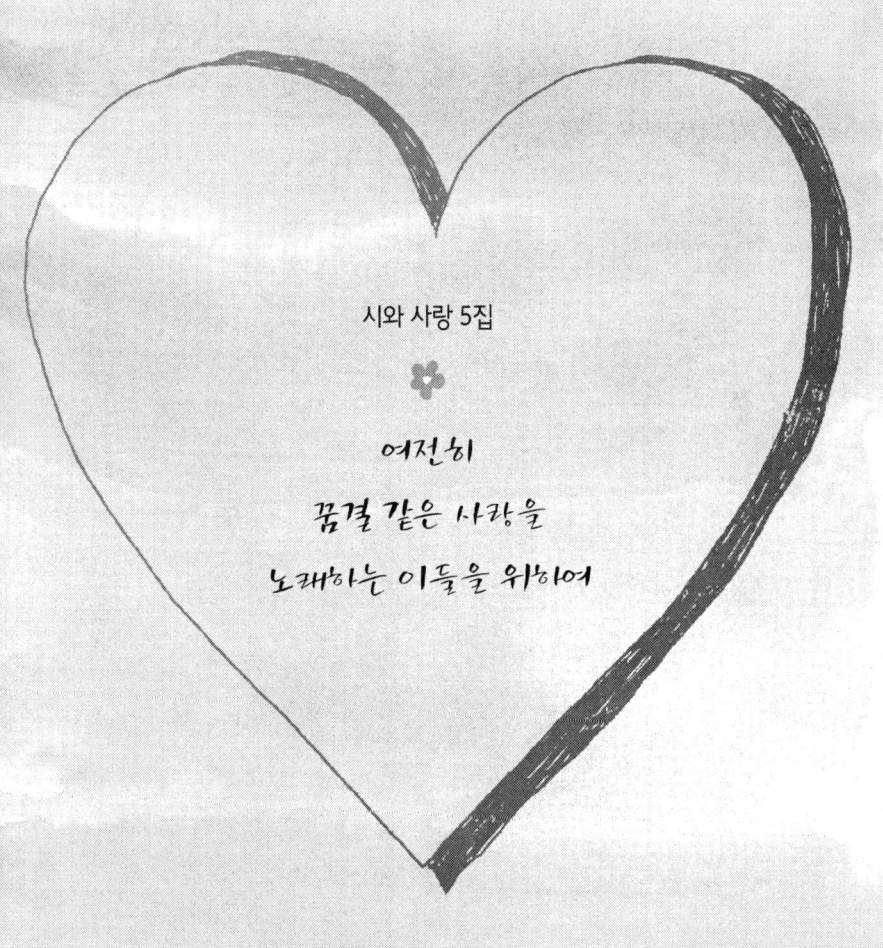

시와 사랑 5집

여전히
꿈결 같은 사랑을
노래하는 이들을 위하여

青死 박경철

서문

**여전히 꿈결같은 사랑을 노래하는
이들을 위하여**

누군가 말합니다.
사람다운 사람을 만나야 행복하다고…
나는 말합니다.
사랑하는 사람이 있어야 행복하다고…
1년 넘게 이어지는 코로나의 심술이
보편적인 삶의 아름다움을 묻어버렸습니다.
슬그머니 들어온 짜증과 한숨
그리고 절망의 그늘까지 우리의 하루하루는
온통 잿빛 하늘로 변해버렸습니다.
그렇지만 이 모든 상황을 상쇄시킬
가장 강력한 힘이 있다고 확신합니다.

사랑입니다

여전히 내게 세상 물정 모르는 철없는 사랑타령한다고
반기를 드는 사람도 있습니다.
전에는 열올리며 설득도 해봤지만 이제는 그냥 내버려둡니다.
사랑은 설득해서 되는게 아니기 때문입니다.

사랑은 품는것이고, 사랑은 깨닫는 것이며,
사랑은 무조건 주는 것이기 때문입니다.
그래서 난 오늘도 사랑 하나로 충분한 삶이라고 이야기합니다.
여전히 꿈결같은 사랑을 노래하는 이들이 있는 한
세상은 결코 불행하지 않습니다.

못난 나를 여전히 바보같이 사랑하시는 하나님이 너무 좋고,
여전히 내새끼라고 하시면서 사랑해주시는 91세 어머니,
그리고 자주 꿈속에 나타나셔서 격려해주시는 천국에 계신 아버지,
나밖에 모르는 사랑이 에스더,
넘 사랑스럽고 자랑스런 왕자 윤호와 공주 청아,
그리고 어디 내놔도 최고인 사위 수철이와 새아가 혜원이
그리고 깨물어주고 싶은 손녀 현서에게
고마운 마음 가득 선물합니다.
그 누구보다 날 위해 기도해주며 최고의 응원을 해주시는
코워십 스테이션 형제들, 각지에서 사랑으로 중보해주시는 지체들과
어전히 시간지 않은 시를 읽어주시며 격려해 주시고
아름다운 시집으로 만들어 주시는
파랑새미디어 대표님께 뜨거운 감사를 드립니다.

　　　　　　　　2021년 햇살가득한 파란 하늘 아래 양곡리에서

목차

— 제1부 —
* 사랑, 그건_10
* 비와 당신_11
* 아침 인사_12
* 꿈꾸기_14
* 향 6_16
* 열병_18
* 기억할게요_20
* 첫사랑 끝사랑_22
* 당신을 이렇게_24
* 파란 하늘에_26
* 봄꽃 날리는 날에_28
* 그대 1_30
* 선물_32
* 사랑 바보를 꿈꾸며_33
* 아침에 그대를_35
* 내 삶을_37
* 가을맞이 사랑_38
* 끊을 수 없는 사랑_40
* 가을비 사랑_42
* 우리_43
* 바보 같지만 사랑이야_44
* 시인의 고백_45
* 앗~이게 사랑이다_46
* self sufficiency (自足)_48
* 겨울 연가_50
* 사랑꾼은… 적어도_52

* 겨울 탱고_54
* 슐람미 에스더 만나다_56
* 사랑에 젖어_58
* 사랑이라는 것_60
* 아침 인사_62
* 나, 너, 사랑_64
* 그 날_66

— 제2부 —
* 오늘 다시_70
* 그래서 사랑이지_72
* 말이 필요 없는 사랑_74
* 사랑이 내린다_76
* 사랑의 향기_78
* 처음 그날 소환_80
* 시인이 써 내려가는 사랑_82
* 신혼여행 불러오기_84
* 꿈결 같은 사랑_86
* 노래하라_88
* 그대 있음에_90
* 그 여인 당신_92
* 가자 가자_94
* 사랑은_96
* 사랑의 힘_98
* 사랑 참 좋다_100
* 사랑을 부르다_102
* 사랑이 사랑인 이유_104

* 사랑 비 내린다_106
* 언젠가 우리_108
* 웃어봐 하늘을 봐 사랑해봐_110
* 갈 테면 올 테면 _112
* 당신_114
* 원색 사랑_116
* 사랑 그 위대함_118
* 꽃보다 아름다워_120
* 그대_122
* 하늘이 내린 사랑_124
* 사명으로 가는 사랑_126
* 사랑_128
* 너 그리고 사랑_130
* 꿈에서 깨어나며_132
* 사랑이 살아난다_134
* 알았다_136
* 고백_138
* 사랑은 충분조건_140
* 리셋_142
* 사랑 참_144
* 사랑, 그 사소함_146
* 기꺼이 감염 되리_148
* 그대 그리고 행복_150
* 봤지, 내가 사는 이유_152
* 또 다시 고백하는 말_154
* 진짜 사랑은_156
* 우린 명품_158
* 살아가는 법_160

— 제3부 —

* 계속 되어질 사랑_164
* 이런 인생 되고 싶다_166
* 우리_169
* 흔적_170
* 우리 다시_172
* 사랑은 2_174
* 꿈이어도 사랑할래요_176
* 그래_177
* 감염자_178
* 그대는 이미 나_180
* 추억을 담은 사랑_182
* 사랑, 콘체르토_184
* 봄_185
* 함께_188
* 젖어들기_190
* 나를 사랑하는 사람_191
* 꿈같은 사랑_192
* 순리_194
* 위대한 사랑_196
* 바보인생 바보사랑_198
* 사랑은 3_199

* 사랑, 그건
* 비와 당신
* 아침 인사
* 꿈꾸기
* 향 6
* 열병
* 기억할게요
* 첫사랑 끝사랑
* 당신을 이렇게
* 파란 하늘에
* 봄꽃 날리는 날에
* 그대 1
* 선물
* 사랑 바보를 꿈꾸며
* 아침에 그대를
* 내 삶을
* 가을맞이 사랑
* 끊을 수 없는 사랑
* 가을비 사랑
* 우리
* 바보 같지만 사랑이야
* 시인의 고백
* 앗~이게 사랑이다
* self sufficiency (自足)
* 겨울 연가
* 사랑꾼은… 적어도
* 겨울 탱고
* 술람미 에스더 만나다
* 사랑에 젖어
* 사랑이라는 것
* 아침 인사
* 나, 너, 사랑
* 그 날

제1부

행복한 동행

사랑, 그건

꽃향기 넘치는
하늘같은 그대

바다가 부르고
숲이 대답하며
가슴을 열어
손가락 맹세하는
아름다운 날
웃음 묻어나는 행복
함께 나누는 밀어

사랑, 그건 침묵
숨 막히는 떨림
끝없이 안아주는
기분 좋은 이름

비와 당신

기억으로 다가오는
그때 그 자리

후드득 빗소리에
맨 얼굴로 비를 맞아
떼어낼 수 없는 그리움
우산 속에 숨기고
그냥 눈 감아버린다

바람 불어와
보고픈 얼굴 드러내면
겹겹이 새겨진
추억의 흔적들
하나 둘 마음에 챙겨
새벽 빗길 달린다

비는 당신을 부르고
당신은 나를 안아주었다

아침 인사

어서 와요
지난 밤 예쁜 꿈 꾸었죠?

오늘이 좋은 건
눈뜨며 생각난
늘 내 곁을 지키는
당신이 있어서예요

마음이 따뜻해서
그냥 눈 감고 있어도
포근한 행복
흘러넘치게 안기며
어제의 피로 가져간
간밤의 안식이
사랑을 불러주고
펼쳐질 하루
정말 끝내주게
기대를 몰고 오네요

말이 필요 없어요

당신과 나 함께함이
가장 큰 기쁨이니까요

꿈꾸기

봄 햇살 연둣빛
들풀 향기에
두근거리는 가슴
꼬옥 안아주기

여름날 산그늘
함께 손잡아 올라
이마의 땀 닦아 주며
씽긋 웃어주기

가을 단풍 소스라쳐
심장에 묻고
붉은 노을 눈 가득 채워
바닷가 거닐기

겨울 아무도 밟지 않은
소복 쌓인 하얀 눈
뽀드득뽀드득 밟으며
어릴 적 설렘 불러오기

꿈 이야기만 해도
이미 꿈쟁이 되어
꿈속 주인공 마주하며
꿈길 걸어가는
너와 내가 되었다

꿈길 걸어가는 너와 내가 되었다
어릭적 설렘 불러오기
꼭 안아주기 씽긋 웃어주기

향 6

밤이 지나가며
새로운 향이
가슴을 울리는
한 모금 그리움을
미소와 함께하자고
달콤한 쿠키 한 조각
행복을 몰아옵니다

흐늘거리는
촛불의 향연을
사라지지 않는
처음 느낌 풋풋함
간지러운 해맑음 속에
가득 곱게 담아
사랑한다 말해줍니다

오늘을 보내고 나면
내일은 더 깊은 고독을
아쉬움이라는 친구로
곁에 앉혀 주며

처절한 연정의 숲으로
함께 달려갈 겁니다

누가 말해주지 않아도
생각만으로도 웃음 묻어나는
그저 좋기만 한 마음
꽃내음 가득한 그대
내 안에 봄바람입니다

열병

외롭고 시린 가슴
새벽 빗물처럼
안아주고 싶어
말로 표현하려니
엷어지고
글로 쓰려니
숲속 실바람처럼 흩어져
잊은 줄 알았던
그리움 불러오고
마음 언저리 근질거려
비는 심장으로 내리는데
음악은 눈을 감게 한다

넉넉해지는 빗소리에
그리움 한 잔으로 다가오는
그 어디에도 가득한
사랑과 축배 하며
어둠 속 간판처럼
짙은 손짓 아니라도
있음으로 미소가 되는

그대를 만나
맘껏 영혼의 춤을 추련다

기억할게요

기억할게요

첫사랑의 뜨거움
가슴 뛰는 매 순간
당신의 넘치는 매력은
세상 다 얻은 기쁨
살아가는 보람

기억할게요

바람결에 잠든
흘러간 당신의 미소
정성스런 예쁜 손길은
하늘에 그려 넣으며
꿈길을 걸어가는
사랑의 절정

기억할게요

아픈 만큼 성숙해지고

흘린 눈물만큼 웃고
함께 걸어 온 만큼
더 많이 안아주며
위로의 말 한 마디 더
녹아버린 심장 채워주는
끝없는 희망의 노래

기억할게요

당신을 사랑한다는
날 사랑한다는
숨 가쁘게 행복하기만 한
우리의 고백을
언제까지나

날 사랑한다는
당신을 사랑한다는
기억할게요

첫사랑 끝사랑

첫사랑이 끝사랑 된
인내의 열매는
먼지 풀풀 나는
시골길 터덜터덜 지나
시원한 샘물가에
맘 편히 땀 닦는다

수많은 감정의 찌꺼기들
흐르는 세월 속
추억의 휴지통에
꾹꾹 눌러 담아놓고
예쁜 기억 스멀 피어날 때
살며시 꺼내 펼쳐본다

행복하다 말할 수 있음은
넘어지고 상처가 있어도
일으켜 세워줄
묵묵히 함께 동행하는
아름다운 당신 때문이다

더 이상 가질 것 없어도
이미 너무 많은 걸
사랑으로 누렸으니
어느 한 순간도 이제는
감사의 기도로 세워지고
여전히 바보 같은
당신밖에 모르는 사랑꾼으로
뜨겁게 안아줄 거다

당신은 내 첫사랑
그리고
당신은 내 끝사랑

당신을 이렇게

하늘 수많은 별,
그래도 내게는
당신이라는 별 하나만이
눈물을 주고
꿈을 꾸게 합니다

엄마 품이 그랬듯
당신으로 포근함이
꽃향기 자지러지는
숲속을 휘몰아가며
첫 만남의 두근거림을
목 놓아 부릅니다

눈물도 아픔도
당신을 기다리는
보람으로 익어가고
당신을 사랑하는 만큼
시들지 않을 꽃으로
아낌없이 피어납니다

내일을 기대하며
절망의 끝을 넘어서서
아무것 없던 그때를
한 모금 희망의 물로 적셔
내 안에 사랑을 키워주는
쉼터 같은 한 그루 나무
생명의 숨결이라 부르며
당신을 꼬옥 안아줍니다

꿈을 꾸게 합니다
눈물을 주고
당신이라는 별 하나만이

파란 하늘에

눈부신 하늘
건드리면 파란 물 쏟아낼 듯
설렘을 주는데
살랑이는 바람에
더 짙은 푸르름을 드러내고
흰 꽃구름 둥실 데려옵니다

산꼭데기라도 좋고
잔잔한 호수라면 더 좋을
당신과 함께할 여행길이
분홍빛 그리움으로
마음 뜨겁게 물들이며
차 한잔의 향 안겨 옵니다

긴긴 세월에도
무너지지 않을 성벽으로
보금자리 행복 지키고
희망을 기도하며 노래할 때
소망의 선물
그대라는 향기론 꽃으로

차고 흘러 넘쳐나면
다시 한번 파란 하늘 도화지에
사랑한다고 쓰겠습니다

잔잔한 호수라면 더 좋고
산꼭데기라도 좋은

봄꽃 날리는 날에

당신이 내 기쁨이라는
너무 소박한 고백이
한평생을 두고
가슴을 적십니다

오늘 기댈 수 있음이
행복 꿈꾸는 순간이라며
어깨를 토닥여 줍니다

터널을 지나며
희망을 이야기하고
아픔을 달래가며
꿈을 노래하는
참 좋은 사랑이
바로 당신과 나
하나뿐인 사랑인 것을
손닿을 만큼 거리에서
그림자라도 좋을
마음 따뜻한 연인으로
웃고 또 웃어줍니다

당신을 느낀 만큼
당신과 나눈 만큼
이슬에 부서지는
아침햇살 머금은 풀잎
맑은 창 하늘로 열어
봄꽃봉오리 툭툭 터지는
황홀한 향으로
뜨겁게 안아 잠듭니다

그대 1

새벽을 애태우는 그대
꿈길이라면 좋으련만
아직도 그리움은 깨어서
적막을 숨죽이며 걷고 있다

사랑을 웃음 짓게 하는 그대
함께함이 행복이기에
돌아선 시간이 또다시
보고픔의 노래 부르게 한다

아픔을 희망으로 선물한 그대
절망의 순간 문 열고 들어와
심장의 고동 뛰게 하고
끝없는 동행의 박자를 맞춰준다

긴긴날을 짧은 순간으로 만든 그대
상심의 바다를 허우적대던
고통스런 입김마저도 감싸며
변함없는 따뜻함으로 안아준다

그대
나 여기 그대를 부르며
무엇도 아깝지 않은 마음으로
쭈욱 함께하리라.

첫 맞은 숨죽이며 걷고 있다
아직도 그리움은 깨어서

선물

샤론의 수선화
들녘의 백합화

마음의 부서짐이
손끝으로 나타나
빈 하늘 바라보며
시 한 줄 써 내려가는
사랑스런 시인은
이미 봄날 손님으로
문을 두드리며
그리움을 부른다

푸르른 날은
초록도 반갑다고
소리 질러 인사하는데
엄마 품 같은 사랑은
가슴 속 깊이 묻어두어도
마냥 웃음 짓는
창조 이래 최고의 선물

샤론의 수선화
들녘의 백합화
청초한 향기에 숨넘어간다

사랑 바보를 꿈꾸며

가장 행복한 사람을
찾아 떠난다

누구일까
병원 대기실에 앉아
바라보는 사람들
엷은 미소 품은 사람
짜증 가득한 표정의 사람
독기 품은
고약한 얼굴의 사람
심기가 불편한
기죽은 얼굴의 사람
눈물 훔치는
허무한 얼굴의 사람
표현하기 힘든
무표정한 얼굴의 사람
표정 하나만으로도
밤을 지새울 것 같다

저마다 얼굴로 살아가는

사연 많은 사람
어쩌다 들여다본 내 얼굴,
내 얼굴은 어디 가고
한 송이 꽃이 웃는다

탄성을 자아내는 외침,
행복한 사람은 꽃을 보며
웃는 사람이란 걸

이 세상
가장 행복한 사람은
꽃을 품고 숨 쉬는
바로 나

아침에 그대를

어쩜 이렇게
아침 공기가 좋을까요
깊은 잠에서 깨어나
머릿속이 맑아지고
심장이 시원해집니다

매일 같은 아침인데
느낌이 다른 건
어제보다 오늘이
더 행복하기 때문일 겁니다
차가워진 손잡아 주고
더 많이 녹여 주리라
다짐합니다

지난 시절 풋풋함이
너무도 행복했는데
탁 트인 키 큰 포플러
가로수 터널 길도
푸른 하늘 보며
동행하고 싶습니다

뒹구는 낙엽
바사삭바사삭 밟으며
구름 한 점 없는
푸른 도화지가
온종일 내 안에 있으면
좋겠습니다
그곳에 사랑하는 그대를
한없이 그리게요

그대와 함께 펼쳐지는
가을 들녘과 함께
한눈에 들어오는
대형 수채화는
이미 내 안에 보물입니다
가을 아침 싱그러움으로
당신을 더 깊이
사랑할 수 있음이
진짜 행복입니다.

사랑할 수 있음이
당신을 더 깊이

내 삶을

가을로 걸친 하늘
회색빛 드러내며
그리운 사람 부른다

세월을 두고두고
가슴에 묻어두어도
생명의 씨앗으로 살아나
푸른 하늘 보고야 말
간절한 소망의 꽃으로
그대를 사모했다고
심장 녹아들도록
깊이깊이 품었다고
한 송이 사랑의 꽃 피워
그대 품에 안겨드리다

가을맞이 사랑

가을을 시샘하는 녀석
갑자기 문을 걸어 잠갔다

맘 놓고 꽃을 피우던
푸르름들이 깜짝 놀라
뜨거운 바람 일으키며
끈끈하게 속삭인다

어쩌면 죽음보다 슬픈
이별의 노래가 싫어
이토록 모질게도
심술을 부리나 보다

하루가 멀다며
돌아서면 그립다 고백하는
어떤 바보 같은 사내가
놓지도 붙잡지도 못해
애타며 가슴앓이하는
소설 속 주인공처럼
그저 황혼 바라보며

보고프다 눈시울 적시는
영원한 순정으로 남고 싶다

어떤 바보 같은 사내가
돌아서며 그립다고 고백하는

끊을 수 없는 사랑

시간이 흘러
아파했던 시절이
흉터로 남아도
첫사랑의 기억으로
이 밤을 잠재울 수 있음은
눈물을 흘렸어도
단 한 번 품은 사랑의 고백으로
뜨거운 가슴 안아주며
돌아보고 싶지 않은
쓰라린 날 눈길마저도
그대 온실 안에 감싸주고
사랑의 뭉게구름
아낌없이 쏟아 주었다

행복하다 고백할 수 있음은
그리움으로 뛰는 심장을
따뜻한 얼굴로 쉬게 해주는
중독 같은 사랑이라고
시끄런 세상 소리 잠들어가는
가을을 부르는 이 밤

그대 귓가에 속삭인다

난 복에 넘치는 사랑이다
끊을 수 없는 사랑이 있기에

가을비 사랑

텅 빈 하늘
먹구름 걷히고
깜빡 졸음으로
기분 좋은 외출을 나갔다

하늘 향 가득 담은
차 한잔에
예쁜 사랑이
잔잔한 미소로 오면
그냥 말없이 안아준다

부시시 기지개로
그리움 부를 때
후드득 창문 두드리는
가을 친구 빗줄기
그렇게 사랑이 내게 왔다

우리

화려한 꽃잎 아니어도
아침 이슬 아니어도
어두운 터널 홀로 왔어도
축축한 발걸음 이었어도
바라봄으로 웃을 수 있음이
소박한 행복인게지

하나 둘 늘어가는 주름이
삐걱거리는 관절에
한숨의 멜로디를 입혀도
그래도 살만하다고 춤추는
텅 빈 마음 채워가며
손잡고 달려가는 멋진 순례자

내가 있어 멋진 세상이고
네가 있어 맛난 인생이다

어제는 아팠어도
오늘은 다시 생기 돌고
내일은 더 끝내줄 거다.
우리는 사랑하니까

바보 같지만 사랑이야

하늘이 늘 하늘이듯
사랑은 늘 사랑이다
계절이 시간을 안고 가듯
그리움은 늘 사랑을 노래한다

주고 또 주어도 좋은 건
어제 오늘 그리고 내일을
가슴 뛰게 만드는
대책 없는 떨림 때문이다

따끈한 진심의 그릇에
당신을 담아낼 수 있다면
열매가 주는 풍성함보다
억만 배는 더 뜨거운 심장을
기쁨의 탄성으로 맞이한다

아픈 거 같고
손해 보는 거 같아도
미소가 멈춰지지 않는 건
그냥 당신이 좋아서야
바보 같지만 이게 사랑이야

시인의 고백

가을 가뭄 길듯이
시 한 줄 쓰지 못하는
가슴 메마른 날들이
어느 새 입김 시린
겨울 하늘을 맞으며
사랑 냄새가 좋은
사랑꾼을 부른다

더 늙어지기 전에
다리에 힘 빠지기 전에
맘껏 노래하라 그리움을
정성껏 사랑하라 동행을

석양 기우는 어느 날
꼭 한마디 따뜻한 말로
함께 걸어 온 사람에게
눈물 그렁그렁한 고백을
마음이 울어주는 촉촉함으로
아낌없이 속삭여준다
당신, 내게 복덩이라고···

두둥실 달 떠올랐다.

당신 내게 복덩이라고
눈물 그렁그렁한 고백을

앗~ 이게 사랑이다

여름도 어설프게 가고
가을은 더 어슬프게
겨울을 마중 나가는데
그냥 제자리 지키는
동행의 춤사위는
시리도록 움츠려들며
못난 그리움을 붙잡고 있다

단풍의 낭만보다는
낙엽의 쓸쓸함이 좋은
촉촉한 마음자리 애상이
나목을 바라보며 손짓해도
꺼이꺼이 잘 가라며
미치도록 아프게 고개를 돌린다

약속 없는 꿈길을 눈에 넣어
갈 곳 없이 헤매는 걸음은
깨어나면 허허 웃어버리고 말
순간의 희열을 품고 말았다

후회는 없어도 눈물은 있을 거다
그리고 외치겠지
앗~ 이게 사랑이다

self sufficiency (自足)

설렘이면 어떻고
떨림이면 어떠랴
그 자리 그 웃음이
피할 수 없는 행복인걸

눈을 떠서 그리움이면
눈 감아 꿈을 꾸고
바람 불어 시려우면
꼬옥 안아주면 그만이지

거울 속 잔주름
흰머리 약올려도
가슴속 푸르름엔
얼씬도 못하는 세월이란 녀석,
겨울 하늘 품고 싶어
같이 마실 가자네
그렇게라도 흘러간
청춘을 불러보자고

그래, 기타 둘러메고

징하게 노래 한 곡 뽑아야겠다
그렇게 허허 웃는 거지
인생 별거 없는데 뭐
사랑이 있으니

겨울 연가

빨강
노랑
갈색
그 무슨 색깔이든
겨울비 앞에서
고개를 숙인다

이제 살 만큼 살았다고
거룩한 장송곡에 맞춰
아낌없는 안녕을 고하며
초록으로 살부비던
영원할 줄 알았던 계절을
힐끗 돌아보지만
이미 옷 갈아입은 둥치는
촉촉하게 백설을 기다린다

동굴이라도 파고 들어가
동면의 친구를 만난다면
가을 떠나보내며 흘린
상실의 강물을 만날까

사랑을 노래하는데
철부지 헛짓하는 소치라고
그렇게도 까탈스럽던
현실 속물들의 시비에도
끄떡하지 않고 버텨온
사랑꾼 절절한 가슴이 사랑스럽다

가끔은 지칠 만도 하지만
중독되어버린 가슴은
무서울 게 하나도 없다
그저 하나만 보일 뿐이기에
사랑한다는 고백으로
깊어가는 시린 겨울밤
뜨겁게 밝히고 말 거다

두근두근 심장박동 급해지는…

사랑꾼은… 적어도

흔히 말하는
맘 따뜻한 사랑,
사랑의 핵이 되어버린
따뜻한 마음
어쩌면 그건
너무 얌전하고
절제된 표현이리라
다 해본 경험으로
사랑이라는 녀석은
뜨겁다 못해
화산 울음 같은 전율이고
핵폭탄 화염을 세우는
감당하기 힘든 쓰나미

세월 하나 더 까먹으며
눈가 주름살 한줄 위
더 늦기 전에
사랑의 세레나데 앉히고
어울릴 것 같지 않은
소나타를 힘껏 두드려야겠다

교향곡은 아니겠지만
세상 하나 뿐인
정말 따뜻하다 말할 수 있는
귀여운 왈츠는 될 테니

이제부터라도
후회 없는 고백으로
오선지를 가득 채울 때
Queen의 Love of my life
귀에 맴돌아도 좋아
그대로 옮겨 앉히자
이 정도는 되야
사랑꾼이라 할 수 있으니

가슴이 춤추기 시작한다.

감당하기 힘든 쓰나미
사랑이라는 녀석은

겨울 탱고

춥다
자기야
얼음 들어가서
된장찌개에
총각김치랑
맛나게 식사하자

화학 조미료 싫어
엄마 손맛 최고야
누가 뭐래도
엄마 솜씨 꼭 닮은
당신 내가 인정한다
등 긁어줄 때
포근히 잠들던
옛날이 그리워
엄마 냄새 찾아
이 밤을 날아가야겠어
자기 손끝
벌써 내 등을 긁고 있네

아버지가 그토록
엄마를 어화둥둥 하신 게
이해가 가네 그려

살맛나는 게 뭐 딴 게 있겠는가
옆자리 숨소리 들리는게
행복한 놀이러지
맛있게 먹고
멋지게 놀아보자구.
여보 당신 하면서

벌써 내 등을 긁고 있네
자기 손 끝

술람미 에스더 만나다

어디로 갈 거냐고
겨울바람이 묻는다
가을 숲 향기 날리던 날
단풍이 부럽던
한풀 꺾여버린 신록으로
슬며시 손잡으며
우리 인연을 노래하고
언제라도 좋을 숨결로
털썩 안아주었다
헤스본 바드랍빔 문 곁
연못 같은 눈으로
솔로몬을 사로잡은
술람미 여인의 매력이여,
죽으면 죽으리라
초절정 결단 숨차오름
에스더 정결함으로
바이블을 통째로 삼키고
머나먼 길 여정 벗으로
여기까지 함께 왔네

살아갈 날 자주 손잡아 줄 때
떨어진 체온 채워지고
한 겹 사랑 옷 입혀지면
함께 온 길 뒤돌아보니
눈물 섞인 웃음이
찰랑찰랑 붙좇아 와 있다

꾸밈없어도 아름다웠지만
이제 꽃단장 하고
활짝 웃어보시게
사계절 꽃향기 가득한
감당할 수 없는 천국될 테니

숙경미 여인의 매력이여
속로몬은 사로잡은

사랑에 젖어

졸린 눈 힘주고
또 한번 심장을 열어
사랑을 꺼낸다

손끝에 느껴지는
파리한 눈짓의 힘겨움이
어둠을 눌러가며
자장가를 느낄 만도 한데
뜨거운 혈액의 순환이
덜커덩 잠을 깨우며
바네사와 마르코스의*
애절한 사랑 부럽지 않은
소설 속 새 주인공으로
시와 사랑을 노래한다

발걸음 멈춰진 어느 곳도
붉은 눈물 뚝뚝 흘리며
가늠할 수 없는 포옹으로
커져만 가는 연정을 불 지르고
흘러내린 머리칼 넘겨주며

촉촉한 눈가에 입맞춘다

사랑을 아무리 미화시켜도
그냥 이대로 품에 안겨
쿵쾅이는 떨림을 이길 수 없어
사랑한다는 한 마디로
스르르 눈 감아 꿈길 간다
거기서도 또 사랑일 테니

스르르 눈 감아 꿈길 간다
사랑한다 한 마디로

* 줄리아 제임스의 소설
'뜨거운 사랑에 젖어' 남녀 주인공

사랑이라는 것

거울 한번 보고
연못 물살에 흔들리는
구름 한 조각 풀어헤치려
돌멩이 던진다

파란 하늘이 부러워
그대로 받아 주었는데
유유자적 노니는
자기 세상 잉어 한 마리
구름 향해 뻐끔대고
행복을 아느냐는 듯
지느러미 흔들어댄다

보일 듯 보이지 않는
희미한 기억 속의 추억은
여름날 가슴 풀어헤친
아주 거친 비나리로
그저 바라볼 수만 있어도
따뜻한 웃음 전해주는
아름답디 아름다운 자태를

촉촉하게 적셔준다
그래서 사랑은 환상 같은
총천연색 흔적으로
세월을 안고 가는 그리움이다
그대 내 안에
나 그대 안에
인생 사진 찰칵

구름 한 조각 풀어헤치려
연못 물살에 흔들리는
거울 한번 보고

아침 인사

차창으로 비쳐진
너무 익숙한 얼굴,
오늘도 안녕하며
한 모금 미소로 인사한다

넉넉하게 즐겨온
하늘 아래 동행이
서로에게 고백한
그대여서 너무 행복하다는
너무 유치한 한 마디

꽃이면 어떻고
낙엽이면 어떠랴
향기로 가슴에 담아두고
책갈피에 추억으로 덮어
다시 돌아올
그리움의 계절에 펼치면
하늘도 어쩔 줄 몰라
사랑 비 흠뻑 내릴 텐데

어느 새 겨울은
봄날 틈새를 엿보고 있다.
이렇게 사랑은 이유 없이
마음을 건드리며
살짝 다가와 안기는
기대 그리고 설렘

나, 너, 사랑

이슬 같은 사랑이라고
별 같은 사랑이라고
미사여구 갖다붙여도
사랑이 사랑다우려면
인연을 넘어서서
섭리를 받아들이는
거룩한 순간의 숨결로
오늘이 가기 전에
가슴으로 안아주어야

바라고 원하는 것
다 해 준다 말해도
사랑이 사랑다우려면
나무 바라보다 숲을 넘어
열매의 숭고함에 감격하며
꽃피울 향기로
입맞춤해 주어야

사랑으로
정으로

의리로
여기까지 왔어도
소중한 건 따로 없다

너 아니면 안 된다는
철부지 같지만
원색적인 고백만이
내가 살아가는 이유

그 날

희미해져가는
어린 날 꿈속 미래의
거칠 것 없는 모습
외마디 울어댄 새소리에
놀란 듯 깨어나니
별자리 구름자리 흩어지며
현실 속 사랑쟁이로
내 하나의 사랑을 노래한다

침울한 도시의 뒷모습도
푸르름을 보낸 숲에서도
아낌없이 부르는 연가,
사랑의 고백은
망각을 전제로 한다는
누군가의 썰이 아니라 해도
시간 속에 묻혀 가는
무덤덤함을 걷어 내고
쓸쓸하다 징징거리는 가슴속으로
화산같은 외침을
절정의 눈물로 선물한다

어쩔 수 없는 세월의 무게를
주름살로 내보이며
후회 없는 선택으로 살았노라
스러져가는 별자리
다시 찾아간다
사랑이 거기서 손짓하기에

옆을 보니 따뜻한 당신
사랑이 같이 걷고 있다

* 오늘 다시
* 그래서 사랑이지
* 말이 필요 없는 사랑
* 사랑이 내린다
* 사랑의 향기
* 처음 그날 소환
* 시인이 써 내려가는 사랑
* 신혼여행 불러오기
* 꿈결 같은 사랑
* 노래하라
* 그대 있음에
* 그 여인 당신
* 가자 가자
* 사랑은
* 사랑의 힘
* 사랑 참 좋다
* 사랑을 부르다
* 사랑이 사랑인 이유
* 사랑 비 내린다
* 언젠가 우리
* 웃어봐 하늘을 봐 사랑해봐
* 갈 테면 올 테면
* 당신
* 원색 사랑
* 사랑 그 위대함
* 꽃보다 아름다워
* 그대
* 하늘이 내린 사랑

제2부

행복한 동행

* 사명으로 가는 사랑
* 사랑
* 너 그리고 사랑
* 꿈에서 깨어나며
* 사랑이 살아난다
* 사랑이 살아난다
* 앉았다
* 고백
* 사랑은 충분조건
* 리셋
* 사랑 참
* 사랑, 그 사소함
* 기꺼이 감염 되리
* 그대 그리고 행복
* 봤지, 내가 사는 이유
* 또 다시 고백하는 말
* 진짜 사랑은
* 우린 명품
* 살아가는 법

오늘 다시

찬바람 부딪혀
낙엽으로 서글퍼도
하늘은 웃으며 말한다

저멀리 도망간
옛사랑 추억의 노트에
눈물 뚝뚝 흘려 번지면
꿈길에서 보았노라
배냇 웃음 싱겁다

아픔을 박박 긁어
상처가 된다 해도
새살 오른 흔적이
먼저 손 내밀어
그게 사랑이라 소곤대고
지우개로 밀고 또 밀어
심장 터질 것만 같아
죽고 싶을 만큼 힘들던
그 날들을 잊으라 한다

살며시 잡은 손
귓가에 속삭인 한마디
얼굴 마주한 찡긋
살아있음이 축복
사랑을 노래함이 행복
손가락 힘 남아있어
사랑시를 줄 수 있음이 설렘

오늘 하루 다시 산다
사랑으로

그게 사랑이라 소곤대고
저 먼 손 내밀어
새 삶 오른 흔적이

그래서 사랑이지

언제쯤 멈춰질까
솔로몬의 아가,
철부지 시인의 사랑노래

햇살 비끼는 언덕
옷 벗은 겨울나무 사이
안개에 쌓인 뽀얀 숲살아있는 어깨춤
오늘도 그대를 안았다

생존이 본능이라면
그리움은 필연,
노동이 사명이라면
사랑은 천생연분

피할 수 없는 연정이
바보 사랑꾼의 장단에 맞춰
하늘로 오르는 걸음을
차곡차곡 쌓아가고
부풀어 오른 상념은
꿈으로 이어지는 동행을

땀 흘려 손잡아 끌어가는
인연을 뛰어 넘는 소망

눈물과 웃음이 교차하는
참 행복의 자리
내 하나의 사랑이 숨쉬는
에덴으로 달려갈 테니

사는 게 참 좋다
정말 좋다
그래서 사랑이지

사랑은 천생연분
노등이 띡연이라면

말이 필요 없는 사랑

세월의 바람 속에
그을린 얼굴과 주름이
애틋한 웃음의 파랑새로
겨울을 떠나보내려
힘껏 웃음을 피우고
품안에 솟아나는
봄날 아지랑이 몰고 온다

눈시울 적신
사랑 시 한편에 배인
가슴으로 끌어안은
절절한 노랫가락을
아리랑에 맞춰 흥얼대면
하늘도 해를 보내며
하얀 솜사탕 구름 언저리에
분홍빛 만남을 데려와
아직도 멀기만 한 갈 길
이인삼각의 옹알이로
숨가쁜 위로를 속삭이며
남는 건 사랑밖에 없다고

한줄기 미소 피어난다
화병에 숨쉬는 시한부가
스르르 잠들어 간대도
언제든 온기로 기대어
살아있음을 일깨우는
할미꽃 향기라도 아름다운
인연을 웃어넘기는
인생 최고의 걸작품

말해봐야 입만 아프지
이게 지고지순의 사랑인걸

인생 최고의 걸작품
인연을 웃어넘기는

사랑이 내린다

하늘이 내린다

눈시울 촉촉한 웃음으로
햇살 가득 품어
눈 속에 숨어들고픈
아직 손발 차가운
사랑받아야할 나그네

이렇게 따뜻한 걸
혼자만의 설움으로 걸었던
얼음의 계절은 모른다

골목길 접어들며
정겹기만한 추억의 사진
한 장 한 장 걷어내며
그냥 꼭꼭 숨어있어도 좋은
그 시절의 얼굴 만지며
거울 속 나에게 인사한다

참 기특하다

사랑 품어 달려오느라 애썼다

오늘 밤 달그림자 밟으며
사랑노래 불러야겠다

살맛나는 세상
그대가 있어서
사랑이 내린다

영웅의 계절은 모른다
혼자만의 성웅으로 걸었던
이렇게 따뜻한 걸

사랑의 향기

겨울바다 한가득
갈매기 우는 소리
파도를 휘감아 올 때쯤
멀리 뱃고동 울리며
그리움의 항해를 알린다

하늘 향해 외치며
깜빡이는 등대에게
외로움 맡기고
밤을 날아가자 손 내밀면
짙은 어둠 어느새
붉은 몸뚱이 일렁이며
안개 숲을 밀어낸다

꿈길 멀리도 달렸던
순수의 마음가짐 모아
봄을 부르고
여름을 그리워하는
계절의 합창에 놀라
머릿속 하얗게 물들이고

여전히 아름답다 고백하며
가녀린 모습 세월 앞에
보고 또 봐도 사랑스런
심장가득 쌓여가는 애심
한 자락 멜로디 입혀
애틋한 자장가 부른다

누가 알아주지 않아도
사랑은 꽃으로 피어난다

그대 날 질식시키는
황홀한 사랑의 향기

처음 그날 소환

지금,
빈 듯한 쓸쓸함
훈훈한 방 공기 가르며
새벽을 깨운다
밝은 님 만나려면
아직도 어둠인데
힘없는 눈꺼풀 비벼대는
기다림의 자리가
가고 또 가도 모자라는
추억이라는 시간의 선물로
꼭꼭 숨겨두었던 비망록
한 페이지 넘기며
그때 그 겨울을 끄집어낸다

처음이란 다 그런 걸까
흑백시절의 연가로 남아있는
영등포 심지다방 한자리
하늘 표정 따라 걸으며
식사 한 끼를 미끼삼아
함께할 시간 붙잡아 두고

오늘까지 나무꾼으로
선녀 옷자락 숨겨놓았다

평생을 두고 노래할 꺼면
지루하지 않을 멜로디 가사는
진부한 듯 유치한
눈물과 사랑밖에는 없지

그렇게 마음도 미치고
꿈도 식지 않는 온기로 남아
여기 이렇게 사랑이라 말하며
또 하루가 시작된다

시인이 써 내려가는 사랑

손가락 끝
꿈길을 부르며
오늘 밤 함께 가자네
푸른 시절 장미꽃이
가슴을 들썩이게 했다면
석양 뉘엿 기우는 계절엔
잔잔한 미소로 마주할
두 손 꼭 잡은 따스함이다

어쩌다 여기까지 왔어도
가야 할 내일은 떨림이며
숨 막히는 열정

그 어떤 시대든 어우르며
피날레를 포옹으로 다독이는
사랑이라는 테마는
호흡 거칠어지는 광야에서도
뜨거운 바람 일으키는
빠져들고픈 품 속

당신이 매력적인 이유
내 안에 소나기 몰고 오는
태풍의 눈이기 때문

우산은 필요 없을 거야
마음이든 심장이든
흠뻑 젖어야 될 테니까

또 다시 가슴 뛰기 시작한다
그래, 가 보는 거야

신혼여행 불러오기

양복 그리고 색동저고리
이제 보니 참 정겹네
촌스럽기도 하고

지금 풍속과는 거리가 있는
오리지날 7080 시절
거기에 어부바까지
요즘 자꾸 불러오는
청춘 시대 앨범 속에
추억의 시간 여행 즐겁다

이젠 지난 날 모습들을
하나 둘 꺼내어
차곡차곡 다시 줄 세우고
기타줄 튕겨 주며
다정한 연인을 불러야겠다

하늘 아래 숨 다하는 날
홀연히 다가오겠지만
그래도 아직은 함께 웃고

손잡고 걸을 수 있으니
그저 감사함 가득하고
꿈의 대화 질펀하게 피어난다

1986년 10월 26일
그날, 경주 불국사였지

추억의 시간여행 즐겁다
청춘시대 앨범 속에

온다 왔다 간다

온다
봄 처녀 노래 흥얼이며
겨울을 배웅하고
하늘 보자고 한다
아지랑이 피어올라
얼굴 붉어질 때면
사춘기 울렁증 밀려와
중년의 회춘으로 웃고
한바탕 비라도 내린다면
맨발로 뛰어나갈 준비
단단히 해놓았다

왔다
얼어붙었던 겨울 심술
봄바람으로 녹여버리고
들판으로 가자고 한다
살며시 손잡아준
슬랑미 여인의 수줍음으로
아쉽게 돌아섰던
어둠속에 몰랐던 매력이

심장을 묶어 버렸다

간다
꿈이어도 좋을 만남
눈을 떠서 더 좋은 우리
입술 부르터도 말해 줄
소중한 사랑의 고백
작은 천국으로 출발

간다- 작은 천국
왔다- 숨 감미 여인은 수줍음
온다- 봄 저녁 노래

노래하라

노래하라
슬픔이 잦아들면
다가올 웃음이 있으니
가슴을 열어
행복한 사람을 부르자

노래하라
쓸쓸함이 물들어오면
찾아올 다정함이 있으니
지그시 눈을 감아
동행을 부르자

노래하라
아쉬움이 마음을 삼키면
안아줄 연인이 있으니
손 내밀어
들꽃을 부르자

꿈이 자라나고
내일이 기대로 가득하고

미래가 소망이라면
심장 들썩이고
피가 뜨거워질 테니
노래 부를 일만 남았다

사랑으로
사랑하는 사람에게
나에게 그대만이

그대 있음에

시대를 잘못 만났다고
한숨을 뱉기엔
살아갈 용기가 아깝다

아무리 밟고 짓이겨도
때가 되면 새싹 고개 내밀며
연둣빛 인사하는데
허물어진 울타리 두려워
움켜쥐고 있으면
굴러 오던 복덩이도
질려 도망가 버린다

지금 이렇게 살아있음이
둘도 없는 축복인 걸
사랑의 발라드 자락 속에
슬며시 앉혀서 밀어주면
가르쳐주지 않아도
어깨 들썩 신명나서
트로트에 장단 맞춘다

고난의 연속일지라도
희망은 언제나 꿈틀거리며
동행의 사모함으로
더 꼬옥 안아주라 속삭이고
행복한 바람 날아와
그대 바라보며 웃는다

곁에 있음이 축제,
살맛나는 우리

그 여인 당신

에덴의 순수 이브
태초에 너무 사랑스런
정원을 물들인
환상의 실루엣
보시기에 좋았더라

고난 이겨낸 미소 룻
시대를 아우르는
가문 일으켜 세운
곱디고운 효심
훈훈한 이방의 연인

파멸의 언덕 초연한 라합
결단의 열매
순종의 극치보인
믿음의 혈통 쟁취한
소름 돋는 순종의 여장

피바람마저 직면한 에스더
죽으면 죽으리라

죽으면 죽으리라 에스더
바람 앞에 타명의 언덕 초연한 각항
고난 이겨냄 속

하늘 향한 절규
구원의 한판 보여준
구원성취 최고의 모델

그래 바로 그거다
빛으로 나아간다는 건
오직 하나,
믿음으로 바라보는 눈
십자가 위 뜨거운 한 마디
다 이루었다

그게 소망의 이룸이고
사랑의 종결이다.
때묻지 않은 본연의 피조물
그때가 가장 아름다운 날
고귀한 당신
소중한 화관
당신과 만남이 축복이다.
사랑 사랑 또 사랑.

가자 가자

꿈이라면 더 좋을까
지금의 나보다

하늘 끝 구름자리
한 움큼 그리움 잡아
마지막 겨울에 뿌리고
설렘으로 가득한
봄날을 부른다

청춘의 푸르른 날
세월 속에 잠들어
무덤덤한 마음 키우면
문득 떠오르는 설움
그렇게도 촉촉했는데
따스한 향의 기운 속에
새록 피어나는 정념은
소박한 만남을 꿈꾼다

산등성이 넘어 기다리는
빈자리 가득 채운

꺼지지 않는 불씨로
차갑게 스러지는 세상
뜨거움으로 일으켜주고
함께 걸어온 발자국
선명하게 남겨주며
다시 또 시작이라 말하면
어느샌가 다가온
사랑이라는 끈을 붙잡아
감탄사 풀어헤친다

너는 내 운명,
하늘의 섭리
꿈으로 달려가는 열차
가자 우리의 종착역까지

사랑은

러브스토리 대사 한 토막,
사랑하는 사람에게는
더 이상 미안하다는 말
하지 않는 것이라는데
누군가 그건 오만이라 했다

시대의 흐름 때문일까
미안함보다는 당당함이
배려보다는 자존심을
마음과 머리 위에 앉혀 놓았다

사랑을 그리워하는 열망이
산산이 부서진 이기적 현실에
소박한 행복을 전하며
사랑하기에 미안하다는
그야말로 속 깊은 진심을
아낌없이 내어 놓으라한다

매일 아침 햇살 같은 소망이
깊은 곳 두덩을 지나

머물러 있을 자리 찾아
당신이라는 이름으로
조용히 들어와 앉으면
숨결이든 흔적이든
단박에 알아차린 향기는
차곡차곡 잘 쟁여서
하늘 끝 바다 끝이라도
함께 날아갈 거다

그래서 사랑은 飛上
훨훨···.

사랑의 힘

춥다

누가 겨울 아니랄까봐
심술 잔뜩 부려
봄 나라 정탐꾼들을
포로로 잡아놓는다

휑한 길거리
바람에 쏠리는
낙엽을 더 아프게 하니
어둑해져가는 하늘이
한층 더 침침해져
그리움 애타게 찾아
사랑방 군불 지펴
길고 긴 밤 함께하자며
손잡아 품으로 끌어준다

얼굴 시리고 아파
찔끔 눈물 흘러 내려도
고운 손길로 닦아주니

작은 행복 따로 없고
그저 고맙다는 고백으로
맘껏 사랑을 안아주니
봄날 내 안에 자리하며
이미 달콤한 쉼을 얻었다

두말 필요 없는 명약
마약 같은 효험,
징그럽게 사랑을 노래하는
시인이 아름답다

그대 활짝 웃는 이유
무엇 때문인지 알아차렸다.
아주 좋아

사랑 참 좋다

행복은 참 단순한 것
나를 비우니
당신이 차오르고
나를 채우니
당신이 사라지는
숨바꼭질 놀이

욕심의 끈을 당기니
당신의 아픔이 다가오고
희생의 끈을 풀어주니
당신의 웃음이 안겨온다

거울 뒤로 숨어
화난 가슴 버리고
거울 앞에 서서
온유한 얼굴 담는다
이기고 싶어 고함치니
평화는 산산조각
그럴 수 있다 미소 띠우니
화목이 넘치는 천국

사랑 참 눈물나게 쉽다
나를 숨겨두고
너를 찾으면 되니
세상 가장 단순한 진리

사랑 참 눈물 나게 좋다
나 때문에 힘겨웠지만
당신 덕분에 일어섰으니.
사랑 참 좋다

사랑을 부르다

기다리다 지치면
그냥 꿈길로 가고
부르다 대답 없으면
나뭇가지 앉은 새를 부른다

하늘이 푸르다 싶어
바다를 안아주면
숲이 시샘으로 다가와
초록을 준다는데
그 무어든 계절의 끝은
기대와 설렘을 주는
마음 모를 선물이다

가다가다 보면
서먹함도 친구가 되고
낯가림도 연인이 되어
흐르고 흘러 여기까지
다정함 가득 동행으로
고맙다는 인사하니
아침 이슬 같은 은혜로

가슴 가득 채우는
雅歌 울려 퍼지며
온 몸을 전율케 한다.
창조의 섭리는 심장으로
깊은 묵상을 이끌어
두근거리는 사랑을
촉촉하게 적시며 잠들고
두렵지 않은 현실은
만남 때문이라고 고백한다

그래서 사랑이 위대하고
그래서 사랑이 아름답다
단 하나의 사랑

사랑이 사랑인 이유

외친다
하늘의 은혜를 입었노라고

말로 다 할 수 없다 해도
이미 심장이 터질 듯
뜨거운 사랑 받았으니
지금 눈을 감아도
깊은 여운으로 온기를
하염없이 전해 줄 테니까

노래한다
피의 사랑을 얻었노라고

시 한줄 쓸 수 없다 해도
이미 세상 다 얻은
뜨거운 고백 들었으니
지금 세상 끝이 온다 해도
가슴 뛰게 하는 눈물을
아낌없이 흘릴 테니까

전한다
생명 넘치는 핏물 있다고

다 갚을 수 없는 은혜라 해도
이미 영원한 구원받은
목숨 바친 사랑 입었으니
이별의 순간 맞이해도
잡은 손 더 꼭 잡아줄 마음
다 쏟아주고 갈 테니까

사랑은 표현하기 아까운
가장 고귀한 열매.
가장 멋진 선물
그래서 사랑은 사랑이다

사랑 비 내린다

터질 듯 아침 향기로
안개 걷어내는
봄바람 향연에 묻혀
꽁꽁 얼었던 대지를 뚫고
사소한 몸짓
햇살담은 미소
당신 손 녹여주는
따뜻한 찻잔으로
안겨지면 좋겠다

치명적인 고백으로 불어오는
그대의 숨넘어갈 모습에
가난함으로 포장된 외로움이
마음을 열어 기다리는
인연이라는 덩굴을 넘고
채워지는 진실을 맞이한다

사랑은 그리움
그리움은 끊을 수 없는 행복
영글어가는 생생한 꽃

차창에 얼룩지는 빗방울
그대 얼굴 그리는 물감

이미 사랑이라고
후드득 후드득…

그리움은 꿈을 수 없는 행복
사랑은 그리움

언젠가 우리

작은 기쁨에 웃어주고
감사할 줄 아는 사람
봄바람 기운 입어
하늘 날아보자며 손 내민다

말해주지 못한 고마움
햇살 내리는 틈으로
눈 떼지 못하는 아름다움은
어쩌다 생각난대도
그저 기분 좋은 인연
가슴 따뜻해지는 우리

언젠가 눈감게 되는 때
눈물과 함께 담고 싶은
우리가 가꾼 정원에
한 그루 나무 더 심어
푸른 꿈 일궈온 지난 날
말하지 않아도 알 것 같은
둘만의 바라봄으로 손잡아
그대가 있어 참 좋았노라고

기억의 끈을 묶으련다

늘 당신의 햇살 같은 웃음으로
간지럽게 눈을 뜬 아침이
가장 복된 날들이었다고

웃어봐 하늘을 봐 사랑해봐

웃어봐
이보다 좋을 수는 없잖아
남은 세월 얼마일지
쌓고 쌓다 보면
두근거림도 기쁨이 되고
수줍음도 용기가 되어
넉넉한 자리로 남을 테니까

하늘을 봐
이보다 시원할 수는 없잖아
진한 그리움 내주는
에스프레소 향을 날려
날 위한 잠깐의 행복을 버리고
한 번의 설움보다
아홉 번의 배려를 기억하여
넓은 마음으로 남을 테니까

사랑해봐.
이보다 행복할 수는 없잖아
아픔의 흉터 도려내고

그리운 향기 깊이 심어준
바라만 봐도 웃음꽃 피는
얼룩진 그리움 사랑으로 물들여
끊을 수 없는 믿음으로 남을 테니까

갈 테면 올 테면

갈 테면 가라지
그깟 세월

나이를 갉아 먹어도
초라해지지 않는
사랑 먹은 마음과 얼굴은
한층 더 홍조를 품어
시간을 거슬러 간다

비 내린 들판에도
눈 내린 산에도
생명은 초록을 꿈꾸며
물을 내리고 눈을 녹이고
가는 햇살을 놓아준다

올 테면 오라지
그깟 황혼

강한 단련으로 옷 입어
뜨거움 식지 않아

바람도 파도도 두렵지 않은
든든한 보호막으로
오히려 설렘 가득 품고
인생 봇짐 무거워져도
당신이라는 그분의 선물은
그리움에 메말라 쓰러진 마음
촉촉한 바람으로 적셔
싱그런 봄날 함께 걸어갈 거다

사랑은 이렇게 가고 온다

사랑은 이렇게 가고 온다
초라해지지 않는
나이 들어감 아파해도

당신

아무도 건드리지 않은
하얀 눈밭
거기에 당신 초연히
미소로 기다리고 있어서
시린 것도 모르고
얼굴 푹 파묻고 말았다

연습 없는 사랑이기에
터널도 겁 없이 들어서서
끝을 기다리며 달려
기대하지 못한 햇살 맞아
얼마나 눈물을 흘렸는지
꼭꼭 숨겨둔 마음 열어
미치도록 보고 싶었다는
쑥스런 고백을 던지며
고개 떨구는 그대 앞의 나

소리 없이 다가온 그리움이
보잘 것 없어 보여도
이미 동행으로 손잡은

진짜 유치한 소꿉장난 같은
예쁘기만 한 사람

그래도 좋다
사랑 가득한 향 흘러넘치니

이미 동행으로 손잡은
소리없이 다가온 그리움이

원색 사랑

한 발짝 두 발짝
처음엔 쿵쾅이는 가슴
주체할 수 없는 숨가쁨
마냥 좋기만 한
노랑 어린 아이 심정

모든 스쳐 가는 게
인생이라는 데
늘 푸른 소나무처럼
내 안에 든든하게 서서
그리움 품어
기다림으로 웃음 보여준
참 좋은 놀이터

신야 히로미˚가 그러더라
젊어지고 싶으면
사랑을 하라고

그래서 연분홍인가
이미 청춘을 노래한지 오래

빨간 잉크 무척 뿌렸는데
너 없으면 못 살겠다고

소유욕을 버리니
벌써 부자가 되어
하늘과 어깨 나란히
진짜 맛있는 사랑 노래한다

사춘기 시절
너 없으면 못 살겠다고
빨간 잉크 무척 뿌렸는데
뒤돌아보는 지금
당신 있어서 행복하다고
달달하게 익어가는 열매로
초록 물감 뿌린다

그래서 사랑은
그 어느 때든 원색적인 거다.
맘 속 들여다보고 있으니
여전히 사랑밖에 모르니

* 신야 히로미 - 위장내시경 전문의
세계 최초 대장 내시경 검사 및 대장내시경으로 폴립제게 수술.
레이건 전대통령 의학고문. 손정의, 더스틴호프만 주치의

사랑 그 위대함

코로나가 무섭다는데
더 두려운 게 있다
미움의 언덕 넘어가는
증오의 바이러스

점 하나로
님이 되고 남이 되는
웃픈 인연의 세상
지금 기어코 여기
하늘 아버지의 가슴
십자가 고독한 핏줄기
돌무덤 무너뜨린 생명
사랑의 극치를 선포하며
영원한 만남을 예비한다

절망의 에덴으로 아픈
수치의 역사를 바꾸려
마른 무화과 이파리
가죽옷으로 갈아입히고
다시 사랑을 확인하는

감사의 눈물을 받아
기도의 향연을 뿌린다

견뎌내기 힘든 슬픔은
사랑에게 내어 줄
하얀 여백으로 남겨놓고
철새처럼 떠나간다 해도
호수에 잠기는 그리움으로
마음속 가로지르는 길
햇살 놓인 마당에서
나 당신에게
당신 나에게
정말 좋은 사람
사랑하는 사람으로
생각나는 단 한 사람으로

아가페를 품었다

꽃보다 아름다워

익숙한 노래
사랑이 꽃보다 아름다워
달콤한 멜로디도
화려한 한 소절 노랫말도
꽃보다 향기롭지 못하다

당신은 더 아름답다.
꽃은 향기를 주고 떠나지만
당신은 온기로 곁에 있어 주는
꽃보다 예쁜 사랑이다

사랑이 행복의 친구라는데
불면의 밤조차도 기쁘고
매일 바라봐도 또 기다려지는
운명을 탓하지 않는 인연으로
사랑은 줄 때가 가장 행복한
너와 나의 노래라고 고백하자

마주보는 사랑도 좋지만
같은 곳을 바라보는 사랑은

희나리마저도 더 뜨겁게 하는
태양의 눈이라 해두자

흐트러졌던 그리움
고운 꽃길에 뿌리며
주고 또 주어도 주고 싶은
간절함의 눈빛이
정말 사랑다운 사랑이기에
오늘 함께 있었다 해도
내일도 꼭 만나야할 사람
꽃보다 아름다운 사람
바로 당신

꽃보다 아름다운 사랑
정말 사랑다운 사랑이기에

그대

그대
겨울을 휘저어
첫눈에 들어와
살며시 미소를 던지고
더 이상 춥지 않은
외투를 입혀준
고맙고 착한 사람

티 없는 파란 하늘
향기로 물들인다면
가장 좋은 건
별들의 노래로 깊어가는
그리움 가득한 잔치
절절한 사연의 노래

그대
화려한 선물 없어도
생각만으로도 생각나는
내 안에 번식하는
정 가득 사랑 넘치는 세포 되어

추억의 도장 꾹꾹 찍는다

보시기에 심히 좋았던
그 분의 웃음 찾기까지
훈훈한 바람 챙겨
반짝이는 고백 설렘으로
안아주고 또 안아주면
실락원의 허망함은
태초의 에덴에게 자리를 내주겠지

그대 있기에
그대라서
그대를 사랑한다
그대

하늘이 내린 사랑

눈이 멀어도
그대가 보이는 건
귀가 멀어도
그대 음성 들리는 건
사랑하나로 사는
단순한 가슴 때문입니다

볼이 얼어도
마음이 따뜻한 건
손이 얼어도
심장이 뜨거운 건
사랑하나로 사는
행복한 가슴 때문입니다

그리고 오늘 당신과 나,
하늘이 열리던 날
동방의 별빛 멈추던 밤
골고다 십자가 붉게 물든 오후
죽음의 돌 굴려내던 새벽
그 무엇도 감당 안 되는

절대적 구원 펼치시며
세상을 이처럼 사랑하신
눈물인지 핏물인지
그 분 얼굴 벌겋게 달아올라
다 이루셨기 때문입니다
그 힘으로 오늘도 시를 씁니다

사명으로 가는 사랑

꼭 해줘야 할 말
무엇이 있을까

주면 줄수록
아름답다 했으니
사랑한다고 해야지

바라보면 볼수록
그리움은 더 커진다 했으니
뜨겁게 안아 주며
최고의 선택 걸작품
당신이라고 고백해야지

탯줄로 동행한 세상
하늘 닮은 그대 만나
빈자리 사랑줄로 잇고
사명호에 승선했으니
눈물과 기도로 항해해야지

가시밭 백합화 향기로

기쁨도 보람도 아픔까지도
감싸주어야 할 눈물로
하루를 천년같이 걸었다면
천년을 달려갈 벅차오름은
오늘을 날아 내일을 살게 할
두말이 필요 없는
그대의 아낌없는 격려
분에 넘치는 사랑의 고백

그래요
엄청 사랑한다고 말해 줄게요

사랑

창가에 찾아온 밤
밀물처럼 풍요로운 풍경
함께한 갈망의 빛깔
침묵 속에 잠들 때
긴 밤 뜨겁게 흘러내린
너와 나의 시간들
지친 달빛 꿈으로 만나
눈부신 얼굴 감싸주면
한없는 기다림 내려앉는다

마음 다한 사랑이
흉터로 남은 실연까지도
따뜻한 품으로 안고
빗물로 바람으로 그린
전율케 하는 그리움 조각
어디에서든 마음 방에
곤히 잠든 모습 예쁘다

사랑은 약속의 열매이기에
아픔의 눈물까지도

초롱한 이슬로 방울 맺혀
향기 가득한 별무리를 부르면
행복한 웃음꽃으로 피어
좋을 수밖에 없는 향을
숨막히게 내뿜는다

사랑을 운명이라 말해도
가슴이 뛰는 까닭은
날 보고 웃어주는 모습
아무리 얘기해도 모자란
주고 또 주어도 눈물겨운
보고 싶은 마음 때문

곤히 잠든 모습 예쁘다
어디에서든 마음 밭에

너 그리고 사랑

그렇더라
너 때문에 웃을 수 있으면
정말 행복하다고
말해주는 게
참 좋은 인연이더라

그렇더라
너 때문에 울 수 있으면
정말 가슴 따뜻하다고
말해주는 게
참 좋은 사랑이더라

그렇더라
너 때문에 살 수 있으면
정말 축제 같은 날들이라고말해주는 게
참 황홀한 인생이더라

그 분으로 웃었고
그 분으로 울었고
그 분으로 살았기에

더 이상의 기쁨을 찾는 건
의미 없는 술래잡기

너야말로 그 분이 주신
나의 전부인 사랑
두말 필요 없는 화관
다 이루었다

꿈에서 깨어나며

꿈길 펼쳐집니다
'내가 너를 사랑한다'
한참을 바라봅니다.
그리고 다시 말씀하십니다.
'내가 너를 사랑한다'
나를 왜 그리 사랑하시는지
나도 주님을 사랑한다고
눈물로 고백합니다

에덴을 거쳐
노아의 홍수를 지나
호세아의 바보 같은 사랑이
아버지의 본심을
단박에 알아차리고
골고다 언덕 십자가
아낌없는 보혈에
그냥 푹 빠졌습니다

눈을 떴습니다
오늘도 같은 자리

한결같음으로 안아주는
보고 있어도 보고 싶은
따뜻한 당신을 안아줍니다

꿈속 하늘에서도
눈뜬 땅에서도
온통 사랑으로 살아가니
이게 행복입니다

이게 행복입니다
온통 사랑으로 살아가니
에덴을 거쳐

사랑이 살아난다

이유 없이 눈이 멀어야
사랑이 아름답다

연애가 좋다는 건
사소한 것에 눈이 멀어
보이는 게 없어지고
매일 꽃길을 가기 때문

인생이 살만하려면
또 다시 눈을 감아야 한다

민낯을 화장해 주고
웃음을 찾아주어야
다시 찾아오는 설렘과
열정을 불사르고
뜨거운 가슴 안아줄 수 있다

최후의 날 눈감을 때
눈물 흘릴 수 있다면
자나온 날 눈 먼 사랑

화려한 진실이었음을
소박한 웃음으로 손잡아
세상 가장 빛나는
입맞춤의 선물을 줄 수 있다

오늘 이 순간 애절함이
당신의 동행으로 살아난다

사랑이 아름답다
이유 없이 눈이 멀어야

알았다

인생의 모토
멋있게 맛있게 살자

멋있는 게 뭘까
맛있는 게 뭘까
사람들이 던지는 물음
허공을 떠돈다 해도
봄이 오는 길목
흥분한 심장으로 지켜 서서
기다리고 기다려 온
멋을 그려내고
맛을 뿜어댄다

열병의 사랑을 했어도
끝이 있는 세상
영원한 만남을 꿈꾸며
슬픔이 가득한 날
늘 웃음 짓는 행복을 품어
끝없이 주고받아도
모자라기만 한 뜨거움

하나뿐인 연정이라 노래한다

알았다
진짜 멋있는 건 끝없는 동행
진짜 맛있는 건 숨가쁜 사랑

고백

하늘도 슬픔에 가득
울고 싶어 하는 때
한 마리 작은 새
그 마음을 아는지 모르는지
무성한 나뭇가지 헤치며
내려앉는다

거리의 악사 녹슨 현 퉁길 때에도
광야의 외치는 소리는
그저 메아리로 밀려와
깊은 수렁의 한숨 몰아쉴 때
기대어 잠들고 싶었던
가녀린 영혼 눈가 이슬 맺혀
조용한 부르심에 귀 기울였다

물러설 수 없는 벼랑
꺼져가는 안식 회복 위해
하늘 노래 들으며
잃어버린 소망 갈망하는
믿음이 되었고

낭만으로만 여겼던 노을도
희망이라고 자부했던 해돋이도
누군가 전해주는 아름다운 소식도
이젠 지나칠 수 없는 행복이라고
떨리는 가슴으로 고백한다

세상에 내가 태어난 것이
무조건 감사의 삶
오늘도 내 님의 동행이 있기에

사랑은 충분조건

사랑은 휴식 같은 친구

슬픔을 닦아 주는
기쁨의 차차차
아픔을 싸매 주는
향기론 클래식

꽃망울 터트리는
상쾌한 공기의 입맞춤
착한 마음을 열어주면
흘러 흘러 여기까지
사랑의 보람으로 맺은
영원을 노래하는
눈물겹도록 진한 행복
우리 둘 작은 천국에
조금은 쑥스런 행진곡
용감하게 연주한다

따뜻한 서로의 숨결로
깨어나지 않아도 좋을

기분 좋은 꿈나라 여행으로
천진난만한 조각배 띄워
가고 또 가보는 거다
사랑은 도전이며
선한 싸움이기에

두려움 게 섰거라
미움 물렀거라
사랑 하나로 충분하다

리셋

꿈은 희망
오랜 시간 갈고 닦아온
아침이슬 같은 마음
마주친 한 모금 웃음

살아보니 깨달은 것
무어든 절망하기엔
아낌없이 칭찬해주고픈
내 안에 가득한 자족함

사랑은 절실함
견딜 수 없는 시련도
묵묵함으로 내어 준 어깨
눈물로 안아준 가슴으로
흐트러진 삶의 의지를
가득 안겨준 열정의 극치

삶은 오늘도 리셋
조급함으로 망쳐버린
이기심 넘치는 고백

리셋 버튼 눌러야 한다
그 어떤 피땀 흘릴지라도

찬바람 숨기려 주머니 넣은 손
빈 하늘 바라보며 낡아버린 정념
아파야 사랑이 오래감을
심장 깊이 박혀 있는 상처에게
이제 다시 시작해보자 묻는다

첫사랑에 취해 리셋 했듯이
다가올 내 님의 나라 위해
그 어떤 피땀 흘릴지라도
리셋 버튼 눌러야 한다

누가 뭐라든 변함없지만
이젠 머리의 결단을 넘어
전부를 걸어 볼 만한 쉼터,
영원을 이루어야 할 열매
이번엔 당신과 함께 리셋

사랑 참

봄비를 닮은 그대
목말라 하는 대지에
희망의 빗살 내려주고
사랑은 행복이라며
잊힌 외로움 꺼내
처음 만난 그 날 웃음으로
갈급한 오늘을 품었다

황무지를 견뎌냈기에
내가 머물던 아픔의 땅도
정성스레 적어 준 쪽지
사랑 냄새 뚝뚝 떨어지는
꽃잎으로 피어나 안기면
둘이 하나 된 노래가 된다

출구가 보이지 않는 터널
한숨 섞인 무관심의 푸념은
마주 잡은 손길 온기로
어느새 수호천사 날개
눈물 닦아준 선물이 되었다

그래 한바탕 춤추자
너와 나 우리인데 뭐가 문제랴
축복의 송가 울려퍼진다
사랑 참 맛있고 멋있다

사랑, 그 사소함

사랑은 사소함이다

그런데 신기하다
사소함이 가져다 준 놀람,
인생의 네 계절을
다른 온도로 만나게 해주는
아슬아슬한 곡예로
깊은 감정의 골을
차곡차곡 쌓아가니 말이다

태초에 갈비뼈라는 득템이
우스꽝스런 의도였다고 해도
이미 조물주의 시선은
보시기에 심히 아름다운
사랑의 완성에 머물고
목마름을 호소하는
가련한 존재들을 불렀다

욕심 버리고 어느덧 후반전
욕망으로 이글대던 날들

빈 마음으로 자리 잡으니
어제는 부끄러운 이기심
오늘은 별처럼 반짝이는 총명함

사랑한다는 게 스스로의 가슴에
상처를 내는 것이라 해도
여전히 한결같은 마음은
후회 없는 사랑을 위해
곁에 있는 것만으로도
고마운 사람
정말 예쁜 사랑이라 말해줄 거다

기꺼이 감염 되리

세월을 잡아먹는 만큼
더 좋아지는 사람
그 사람이 지금
곁에서 웃고 있다

진실과 순수함이
우습게 퇴색되어져 버린
가슴 아프기만 한 시대
행복 찾아 허우적대는
햇살 그리운 세대에게
아직 첫 걸음도 내 딛지 못한
참 사랑을 모르는 가슴에게
눈물 뚝뚝 흘려도 외롭지 않은
새내기 청춘에게
백설 속에 비집고 나오는
봄날 동백의 꿈을 펼치며
굴복하지 않는 사랑의 힘을
맘껏 느껴보라고 읍소한다

생각만으로도 마음 따뜻하다면

순간의 기쁨일지라도
꿈꾸던 너를 사랑했다고
삶의 전부라고 노래할거다
하늘이 보내주신
단 하나의 사랑으로 샘솟는
바이러스에 감염되련다
치명적으로 중독된 확진자로

그대 그리고 행복

행복은 내가 만드는 거라는
흔하디흔한 말보다
그냥 간단한 한 마디
가슴에 품은 반성
그리고 감사와 기도

사랑은 봄볕에 피어나
가슴앓이로 맺어지는
헐떡이는 여름 날 기다림

가을 낙엽 눈물 방울로
붉게 물들이며 가져온
하얀 겨울 그리움의 흔적

하늘만큼 땅 만큼 맹세한
인정사정없이 피어나는
환희의 꽃향기 그대
터질 것 같은 파란 하늘에
사랑이 있어서 좋다고
붓질을 한다

고독의 숲에서 만난 그대
엄마의 품으로 속삭이는 그대
태양이 아니라도 별이 아니라도
그대 바라기로 살리라

난 행복한 사람

봤지, 내가 사는 이유

하루를 그대에게
송두리째 주기에는
개운치 않은 부분이
비웃는 것 같아
거르고 걸러서
순백의 여백으로 선물한다

사랑의 눈밭 밑에서
고정관념을 뚫고 솟아나는
긴긴 겨울 버텨낸 뿌리
희망 안겨줄 연둣빛으로
성공보다 귀한 열심을
꿈으로 덮은 내일로
웃음을 감춘 보람으로 자란다

비 뿌린 하늘 청명함으로
기분 좋게 옷 갈아입고
살짝 봄기운 자랑하니
마음 급한 사랑쟁이
두툼한 외투 집어던지고

햇살 집어 삼킨다

이 세상사랑 노래를
가장 흔하게 만날 수 있음은
가르쳐 주지 않아도
애쓰며 배우지 않아도
순수와 열정으로 침투하는
못 말리는 순결 바이러스 때문
어느새 입가에 피어난
흥얼거리는 보고픔
그래서 하루를 또 산다
그대 있음에

또 다시 고백하는 말

힘들어 주저앉고 싶을 때
끝끝내 의지할 사랑
당신밖에 없네요

더 많이 주고 싶어
마음 크게 먹었는데
생각만큼 주지 못해
미안함의 세월 가득하지만
마음 비운 긍정이
행복이라며 고개 내미네요

내가 조금씩 지워지니
찾아오는 자유함
점점 여유로운 고백이 되며
처음과 끝 당신뿐입니다

아침 같은 삶이고 싶어
푸르름을 그렇게도 좋아하고
죽음이라는 단어조차
아름답다 화장했었는데

아직도 갈망 가득한 날이
창창하게 남았다고 생각하니
당신 위해서라도
아니 나를 위해서라도
더 뜨겁게 사랑을 쌓아야겠어요

사랑이 영원한 이유
아주 분명합니다

진짜 사랑은

진짜 사랑은
내가 당신을 사랑해도 되냐고
묻지 않는 겁니다

크고 작은 걸 떠나
마음 사로잡아 버린
하늘을 닮은 마음
송두리째 받았으니
사랑할 수밖에 없습니다

스무 살 시절 겁 없는
풋풋한 첫사랑의 노래가
애틋한 설렘이라고 해서
사진첩 꺼내 보니
활짝 웃는 예쁜 얼굴
반가워 탄성 자아내는
향기론 꽃 당신입니다

알았습니다
그래서 진짜 사랑은

애타게 따질 것도 없이
그냥 쭉 같이 가는 겁니다
당신이기에

우린 명품

평생을 같이 가는 사람도
혼자 있는 시간은
왜 이다지도 그리움인지
바보가 따로 없다

약속하지 않은 아픔이
선물이라고 고백할 수 있음은
철들어 가는 님 바라기
사랑꾼 시 한 줄의 연가,
풍요 속 빈곤 깨뜨리는
흥얼대는 내 님의 콧노래

수많은 흔적을 지워가는
가끔씩 힘들게 하는 투정이
더 따뜻하게 한다면 역설일까
그대는 스치는 바람이 아니라
기도의 숲으로 데려가는
눈물겨운 거룩한 동행

인연이라는 사치랑 놀지 않고

상록수 정신으로 채워
소망의 날개에 올라타
그대 작은 손에 쥐어줄
들풀에게 하늘하늘 날아가자

그대 그리고 나
이미 우리는 서로에게
보기 좋은 명품이 되었으니

살아가는 법

살아있다는 건
정말 가슴 뛰는 일이다

가난한 날 슬픈 상처
오늘 따뜻한 식탁
흰 쌀밥 한 그릇으로
감사의 기도 되었고
그때도 지금도 난
행복한 사람

빅토르 위고가 생각나는 건
십자가 위대한 사랑
흔들림 없는 기대
죽음으로 보여준 생명
넘치는 확신 때문

잘 살고 못 사는 게
타고난 팔자라지만
다시 하늘 소망 가득한
욕심없는 날을 만나

무조건 다 주고 싶은
불같은 사랑의 화신으로
새로운 아침을 맞는다
가장 복되고 기분 좋게
오늘을 살아가는 법,
주님 보여주신 사랑 따라
갈보리산 오르는 것
우리 함께

* 계속 되어질 사랑
* 이런 인생 되고 싶다
* 우리
* 흔적
* 우리 다시
* 사랑은 2
* 꿈이어도 사랑할래요
* 그래
* 감염자
* 그대는 이미 나
* 추억을 담은 사랑
* 사랑, 콘체르토
* 봄
* 함께
* 젖어들기
* 나를 사랑하는 사람
* 꿈같은 사
* 순리
* 위대한 사랑
* 바보인생 바보사랑
* 사랑은 3

제3부

행복한 동행

계속 되어질 사랑

붉은 피
시퍼렇게 멍들어도
그리움으로 날리는 꽃망울
맘 놓고 터뜨릴 날에
웃음소리 살살 들려와
어떤 멜로디라도 기쁠 게다

절망을 느꼈던 먹구름
빗줄기 되고 보니
촉촉이 젖어버린 애틋함
사랑을 부른다.
당신을 기다린 25년
당신을 사랑한 34년
당신과 함께할 앞으로의 날들
계산 없이 달려갈 그 날까지
말없이 사랑하리라

뜨거움은 몰라도
따스함을 알게 해주고
슬픔 대신 눈물을 선물로

동행이라는 기도를 올리며
둘 만의 여행 나서는
마주하며 웃어주는 것만으로도
포근함 안겨주는
새로운 보금자리 참 좋다
구래동 르호봇 정말 좋다
그대가 있어

이런 인생 되고 싶다

봄이 오는 소리
코로나 굉음에 묻혀
겨우내 찬바람 맞은
왜소한 나뭇가지
부끄런 연둣빛 움
따스한 햇살만 바라본다

맹신을 믿음으로
고집을 용기로
비굴함을 겸손으로
만남을 사랑으로 착각한
어림도 없는 세월에
눈 뜨게 하심을 감사한다

참음과 배려를
친절로 위장하고
까만 밤을 하얗게 지내며
꺼내들었던 낭만이라는 펜을
허무하게 산산이 부서지는
아픔의 심장에게

눈 뜨게 하심을 감사한다
어림도 없는 세월에

참회록을 펼쳐 준다

향기는 꽃의 전유물이 아님을
십자가의 피로 깨닫고
냉정한 것 같은 속 깊은
아내라는 이름이 알려주며
가족이라는 울타리로
사랑 가득한 내음 뿜는다

누구에게나 찾아오는 안녕이
한 걸음 더 가까워지면
얼마큼 살아왔냐는 것보다
어떻게 살아갈까 생각하는
어린 새끼가 되고픈 건
부족함만이 머릿속 맴도는
깊은 반성 때문

오늘이라는 최후의 선물을
벅찬 감동으로 살 수 있는 건
철부지 투정쟁이 아픈 손가락
근심거렸던 날들

이제 조금은 철들어가는
사랑쟁이 남편으로
존경스런 아버지로
천천히 세워지고 싶기 때문이다.

우리

아무리 많이 사랑해도
칭얼대는 다툼이
또 다른 웃음을 준다

살아갈 날들이
얼마나 정겨울지 기대되는
눈에 밟히는 오늘

한 모금 의리로 다짐하고
첫 만남을 회상하니
너에게 난 괜찮은 사람

이만큼 살아왔으니 감사
얼마큼 살아갈까 소망
역시나 믿어주는 사랑

숱한 바람이 남았어도
여기 이렇게 함께 있으니
나에게 넌 참 좋은 사랑

흔적

보슬보슬
봄비 간지럽히는 소리
당신의 숨결 위로
살며시 내려앉으면
아침 밝아오고
지난 밤 대지 적신
하늘 눈물 그리워
구름 덮인 하늘 부르겠지

하루하루 가슴판에
사랑이라는 다짐을 찍어
그리움 일깨워준
참 예쁜 당신의 웃음이
눈물조차도 아름답게
꼬옥 안아주더라

흔적을 남겨야 한다면
지울 건 지우고
한 그루 나무로 살아
함께 걸어갔던 오솔길

이정표로 아장 서서
누구에게든 따스한 그늘을 주자
지울 수 없는 진한 사랑
명불허전 기막힌 동행으로

우리 다시

살아오면서
당신 덕분이라는 말
손꼽아 보니
정말 손꼽을 정도네요

감사한 건
스침이 가득한 세상
만남의 축복을 누려
황홀한 날들임을
꿈꾸듯 노래합니다

내 바다가 되어
한없이 헤엄치게 하니
난 당신 하늘 되어
맘껏 품어주기로
새끼손가락 걸어야겠어요

우울한 삶의 늪도
잃어 버렸던 사명의 골목도
지켜주지 못했던 사랑의 마음도

십자가를 넘은
부활의 축제로 적셔주니
우리 다시 아름다운
새 에덴으로 들어가요

만남의 축복은 누려
스침이 가득한 세상

사랑은 2

투정도 없고
심술도 없고
싸움도 없다면
거짓말이겠죠

설렘과 사랑은
회오리 타고 올라가
머무는 겁니다

어제 울어서 아팠어도
오늘 웃음으로 화해하고
죽을 것만 같았던
막막한 설움 배웅하며
손 내민 자리에 있어주는
아주 사소한 배려가
우리 사랑의 확인입니다

영원히 사랑한다는 고백은
당신만이 내 전부라는
눈이 멀었던 첫사랑

두근거리는 심장입니다

유치할수록
사랑은 더 좋은 겁니다

꿈이어도 사랑할래요

깨어나기 싫은 아침
상영중인 꿈이
발목을 잡는다
외마디 외침
'깨우지 말란 말야'

이대로이고 싶은 건
당신과 순례중

일장춘몽이라 해도
당신이 있어 기쁘고
사랑이 있어 축복

세기적 고통의 매일
믿음으로 달리고
소망으로 달랜다

꿈이어도 사랑할래요

그래

잠을 깨운 목마름
어제의 고단함에
새근거리는 그대 꿈길은
애틋함 충분하고
비 내리고 바람 불던
스산한 날 저녁 풍경은
그리움으로 덧입혀야
사랑이 사랑답더라

텅 빈 새벽이 채워지려면
아직도 갈 길 남아 있는
졸리운 꿈나라 재촉하여
햇살 맞으러 가야 하니
늘 아기 같은 그대는
시간 앞에 멈춰섰구나
내가 있어야 한다고

그래 다시 가 보자
멋진 날 기다리고 있으니

감염자

시끄런 지구촌
누구 때문에
무엇 때문에
더러운 세상 되었다고
어느 곳 쳐다봐도
무슨 말 들어봐도
바이러스투성이
발붙일 곳 없다네

평온이 도망가고
손잡아줌 사라져
안아줌은 더더욱 흉물,
한 지붕 정겨움은
확진의 공포로 눈물짓고
자가격리의 냉랭함이
인륜마저 모독하며
지킬과 하이드가
뻔뻔스런 고개 쳐들 때
끌끌 혀를 차다 못해
쌍욕이라도 해주고 싶은데

정말 의미 없다 맘 고쳐먹고
여전히 작은 천국 위해
삭신 주무르며 땀 흘리는
내 사랑을 지켜야겠다

나는 너는
그리고 우리는
십자가에 감염 되었으니까

그대는 이미 나

너무 단순한 게 사랑인데
여전히 물음표를 달고
허우적대는 사람들
한 마디로 콕 집어 줘야겠다

가슴 찔러대는 그리움
총총인다면 그게 사랑이지
불 꺼진 어둠 속
눈가 촉촉해지는 따스함
그 또한 사랑

더 쉬운 말로 표현한다면
그냥 이유 없이 나도 모르게
그 사람을 떠올리며
자꾸만 좋아지는 게 사랑

세상의 잣대는
오차 없는 완벽을 원하지만
사랑의 잣대는
느낌 하나로 통하는 것

사랑은 아무 생각이 없어도
이미 그대 생각으로 넘쳐
나를 삼켜버린 늪이 되어
헤어나기 싫은 쉼의 자리

사랑은 미치는 거라는 말
설명 안 해도
그대는 이미 나

사랑의 잣대는 느낌 하나로 통하는 것

추억을 담은 사랑

요즘 추억이 새로운 건
세월이 흐른 탓일까
세상이 각박해서일까
누가 알아주지 않아도
당신을 만난 그 해 겨울이
너무 그립기 때문이다

당신의 사진을 보면서
동생들은 정윤희를 닮았다고
얼마나 감탄을 하던지
젊음이 바라는 외모를
나 또한 만족스레 생각했었지

길 진사댁 곱디고운 셋째 딸
당신 참 예쁜 규수였는데
오늘 보니 여전히 아름다운
중년 부인이 되어 있네

살아온 만큼 시간을
더 함께 할 수 있다면

그때는 우리 같이
깊게 주름진 손 맞잡고 있겠지

하늘이 거두는 그 날도
둘이 함께이길 간절한데
오늘 왜 이렇게 감정이 잡히는지
당신 바라보며 흐르는 눈물이
어찌나 달달한지 모르겠네

인생 뭐 있더냐
오늘 하루도 사랑으로 살면
천국이 우리에게 임할 테고
내일은 간절한 소망으로
새롭게 맞이하자

사랑, 콘체르토

당신 눈 속에 분홍빛으로
나를 담아놓은 날
당신은 내 가슴 속에
뜨거움으로 자리 잡았다

머릿속 하얀 한마디로
녹아버린 심장 표현하라면
사랑해라고 속삭이며
천국의 계단 오르며
겨울 연가 가득했던
영화 한 장면 닮은 멋짐을
끝사랑이 된 첫사랑에게
사랑해라고 다시 고백한다

벚꽃 하얗게 날리고
논두렁 아지랑이 피어나
연초록 무성히 돋아나면
햇살 가득 담은 시 한줄
아낌없이 장단을 타며
생각할 틈도 주지 않고
그대 밭에 씨앗을 뿌린다
사랑은 거침없는 생명의 콘체르토

사랑은 거침없는 생명의 콘체르토
그대 밭에 씨앗을 뿌린다

봄

봄은 어디에서 올까

팔달산 놀이터 삼아
아카시아 꽃
여린 송아 따먹으며
뽀얀 햇빛 숲속 달리던
유년의 추억
그때가 진짜 봄 같은 봄
하늘이 파랬다

국민학교 담장 마주한
언덕배기 셋집 단칸 방
짝꿍의 불러대는 소리에
창문 열어 대답하고
금세 뛰쳐나가 내달려
학교 운동장에 입성하면
세상 부러울 것 없는
우리들만의 천국
그때가 진짜 봄 같은 봄
마음이 파랬다

영등포 로터리 지하
심지다방 한적한 구석
풋풋한 두 남녀의 첫 만남
수줍은 듯 어리숙한 설렘
첫눈에 반했다는 말이
남들이 하는 얘기가 아니다
그렇게 인생 2막 올라
동행의 꿈을 이룬 그 날
그때가 진짜 봄 같은 봄
세상이 파랬다.

감당할 수 없는 파도
질곡의 험산준령으로
지칠 대로 아플 대로
어쩌면 자포자기의 표현이
가장 그럴듯한 날들 연속
견뎌내게 한 살 수 있게 한
부모님 눈물의 기도
가족의 끝없는 배려
결정적 한 방 르호봇
소명과 사명이 선명해진 그 날
지금이 진짜 봄 같은 봄이다
앞날이 파랗다

바이러스 어디 까불어 봐라
뛰어봤자 하나님의 손 안
인류를 자정시키고
교회를 정화시키며
알곡 쭉정이 걸러내고
나를 새롭게 하시는 섭리
예수 고난의 길
갈보리 언덕 십자가
하나님 사랑의 완성
이렇게 진짜 봄이 왔다
오늘이 진짜 봄 같은 봄이다
모든 게 새파랗다

이렇게 봄이 왔다

소명과 사명이 선명해진 고
결정적 한 방로호봇

함께

그리움이 뭐더냐
차 한잔에 밀려온
웃음 아니던가

그리움으로 남는 건
그냥 그리움일 뿐
그리움 지금 내 곁에

마음 판에 새긴
예쁜 당신이 있어
조금 아팠어도
오늘 따뜻하다

아무리 뛰어도
목마름이 없는 건
샘물로 다가온
당신의 손길 때문

숲이어도 좋고
냇물이어도 괜찮은

함께하는 기쁨
고마워 당신
사랑해

목마름이 없는 건
아무리 뛰어도

젖어들기

당신이 아름다운 건
마음 속 수채화 같은
웃음과 향기 있어
가슴 두근거리게 하는
은근한 매력 가득

그리움의 캔버스에
처절하게 물들여지는
무지갯빛 고백의 꿈들이
따스한 별자리로 안겨
눈도 손길도 호강

사랑은 혼자만의 그림
유치해도 내게는 낭만
화려한 일상의 추억
차곡 쌓여가며 빛나는
내 안의 전부되어 버린 너

조금 슬퍼도
많이 아파도
앞이 좀 캄캄해도
사랑의 이름으로 마주한다

나를 사랑하는 사람

나를 사랑하는 사람
누가 뭐래도 당신

하늘이 울 때
내 마음의 슬픔을 보듬고
태양이 웃을 때
내 기쁨에 춤을 추는
둘도 없는 예쁜 이

만족이 지워질 때 쯤
자족함의 비결 묵상하며
세상에 뿌려진 아픔을
십자가의 포옹으로
사랑 비 촉촉이 뿌려
맑은 생각 한 가득 채워
다시 달려가는 뭉클함
함께 나누는 참 예쁜 이

나를 사랑하는 사람
누가 뭐래도 당신

꿈같은 사랑

꿈같은 기분이
사랑이라고 한다면
충분히 공감한다
당신을 느낌 하나로도
그리운 사랑이라고
말할 수 있으니

한 가지
당신의 기쁨이 되는 게
한결같은 바람이었으니
꽃향기 날리는 곳
어디라도 쫓아가는
하늘 가르는 새의 비행
그냥 푹 빠져버린 애심

사랑하는 마음은
늘 떨린다는 속설이
고개 끄덕여지는 걸 보니
우리 사랑은
시작이 그랬던 것처럼

여전한 소꿉놀이
맘 설레는 풍경
추억이 될 때까지

여전한 소꿉놀이
시작이 그랬던 것처럼

순리

비움과 채움이
널뛰기를 한다
삶은 언제나 그랬다

기억 하나로
웃음을 머금고
마음 하나로
눈물 펑펑 흘려
허전한 가슴
순수로 가득 채우며
한 줄 시로 달려온
달콤한 사랑도
미치도록 아픈 심장
몇 고개를 넘어야
희망 안겨줄 노래가 되고
편안한 쉼이 되었다

긴긴 겨울이었어도
꽃내음 봄에게
자리 내어 주듯

안타까움으로 달려 온
젊은 날 철부지 사랑도
여기 이 자리에
깊은 정으로 살아남아
빙긋이 바라보며 안아주니
사랑은 맛있게 익어간다

위대한 사랑

누구에게든 추억은
눈물의 땅으로 있다

오늘 잔잔한 웃음은
어제의 아픔어린
목마른 안타까움의
끝이 보이지 않는
까마득한 고난의 길
십자가 울음이었고
기다리다 쓰러진
피지 못한 꽃봉오리
아픔으로 신음하던 겟세마네
피맺힌 땀방울 기도와
무덤 속 하얀 세마포
애타게 부르짖던 그 날
흔적 없이 허공에 뿌려진
처절한 쿠오바디스

그래도 새벽이 밝아 온다.
임마누엘의 확인으로

지금 여기
마라나타의 고백은
부활의 약속 환희의 송가로
찬란한 아침을 준비하고 있다

사랑스런 내 님
내가 살아가는
단 한 가지 이유
영생의 위대함 품은
그리스도의 포스 작렬,
영원을 이어가는
날 향한 아버지의 사랑
세상 끝날까지···

바보인생 바보사랑

소박함이 순수함
당신이 그렇다
여전히 그 자리에서
한 사람을 사모하며
끝없는 웃음 주는 사랑
눈이 멀어도 한참 멀었다

눈을 가린 게
사랑을 지켜주는
바보같지만 진짜 사랑
바라볼수록 보물 같은 사람
그래서 바보

바보가 되어
마취 풀리지 않는대도
나에게 안겨 있으니
그거 하나로 가치 있는
정말 미친 사랑
사랑하는 이유

사랑은 3

어쩌다 사랑하게 되는 게
사랑이 아닙니다

이별을 예감하는 건
진짜 사랑이 아닙니다

사랑은 순수하게
마음과 가슴으로 만나는
행복의 숨결입니다
그래서 사랑을 따뜻하다
말할 수 있는 겁니다

세상에 영원한 건 없다고
사랑도 영원하지 않다고
찬물을 끼얹는 건
사랑을 몰라도 너무 모르는
일차방정식 인간입니다.
바이러스가 우주를 위협해도
새싹이 꿋꿋하게 돋아나듯
사랑은 모든 걸 뛰어넘는

시대의 걸작이며
인류의 명품입니다

좋아서 사랑하기보다는
사랑해서 좋아지는 게
더 깊은 희망이 되고
꽃이 되고 열매가 되는 겁니다

사랑엔 실패도 없고
실수란 더더욱 없습니다
웃음도 슬픔도 아픔도
모두가 사랑하기 때문에
주어진 선물이니까요.
그래서 사랑은 후회가 없는 겁니다

사랑은 언제나 처음이며
마지막 운명이고 숙명입니다
그리고 무엇보다 축복입니다
누가 뭐래도 난
하나님의 사랑으로
태어났으니까요

사랑은 인류의 명품입니다